AF188576

Impressum
Verlag: BABADADA GmbH, Nedderfeld 112 , 22529 Hamburg
Geschäftsführer / Verlagsleitung: Harald Hof
Druck: Books on Demand GmbH, In de Tarpen 42, 22848 Norderstedt

Imprint
Publisher: BABADADA GmbH, Nedderfeld 112 , 22529 Hamburg, Germany
Managing Director / Publishing direction: Harald Hof
Print: Books on Demand GmbH, In de Tarpen 42, 22848 Norderstedt

école
mekdep

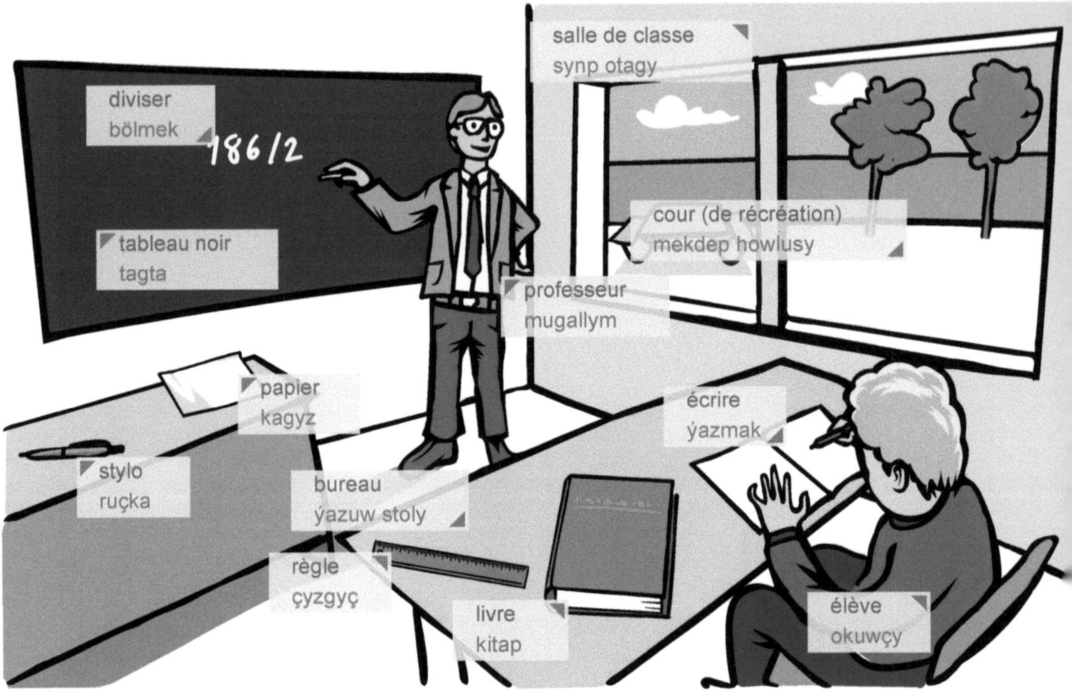
salle de classe
synp otagy
diviser
bölmek
186/2
tableau noir
tagta
cour (de récréation)
mekdep howlusy
professeur
mugallym
papier
kagyz
écrire
ýazmak
stylo
ruçka
bureau
ýazuw stoly
règle
çyzgyç
livre
kitap
élève
okuwçy

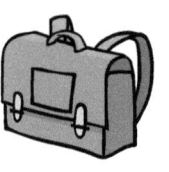

cartable

ranes

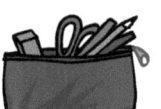

trousse

penal

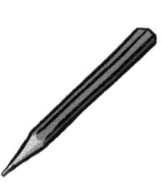

crayon

galam

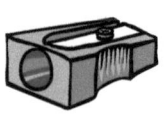

taille-crayon

galam artylýan

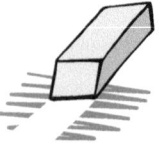

gomme

bozguç

carnet à dessin

surat çekmek üçin albom

dessin
surat

pinceau
çotgajyk

boîte de peinture
reňkli guty

ciseaux
gaýçy

colle
ýelim

cahier d'exercices
depder

devoirs
öý işi

chiffre
san

additionner
goşmak

soustraire
aýyrmak

multiplier
köpeltmek

calculer
hasaplamak

lettre
harp

alphabet
elipbiý

mot
söz

texte

tekst

lire

okamak

craie

hek

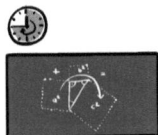

leçon

sapak

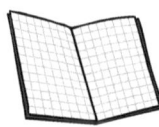

livre de classe

synp dergisi

examen

synag

certificat

diplom

uniforme scolaire

mekdep lybasy

formation

bilim

lexique

ensiklopediýa

université

uniwersitet

microscope

mikroskop

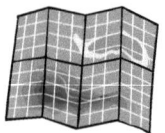

carte

karta

corbeille à papier

kagyz üçin sebet

voyage
syýahat

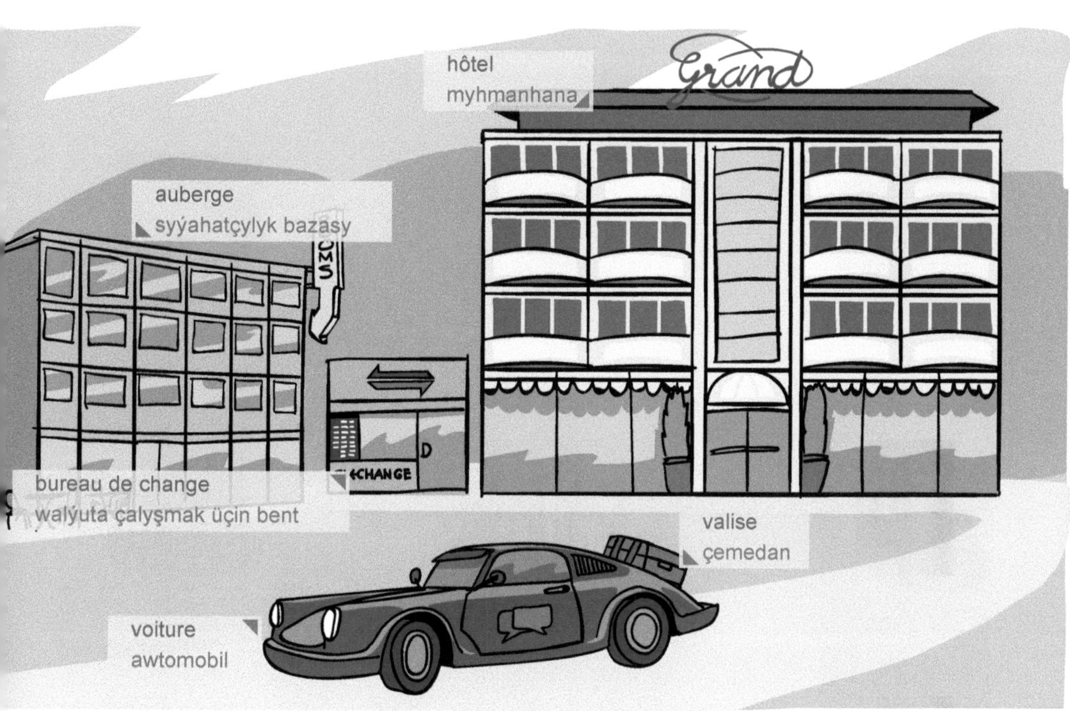
hôtel
myhmanhana
auberge
syýahatçylyk bazasy
bureau de change
walýuta çalyşmak üçin bent
valise
çemedan
voiture
awtomobil

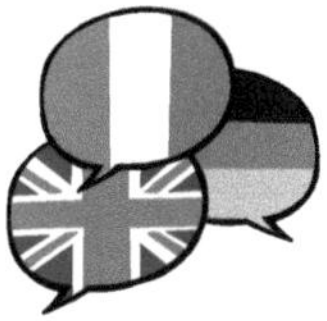

langue
dil

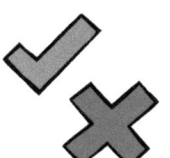

oui / non
hawwa / ýok

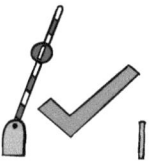

d'accord
bolýa

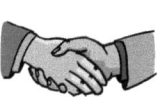

Salut
salam

interprète
terjimeçi

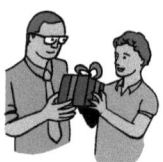

merci
Minnetdar

Combien coûte...?

bahasy näçe?

Je ne comprends pas

men düşünmeýärin

problème

mesele

Bonsoir !

Agşamyňyz haýyr!

Bonjour !

Ertiriňiz haýyrly!

Bonne nuit !

Gijäňiz rahat bolsun!

Au revoir

görüşýänçäk

direction

ugur

bagages

ýük

sac

torba

sac-à-dos

eginden asylýan torba

hôte

myhman

pièce

otag

sac de couchage

halta ýorgan

tente

çadyr

office de tourisme

syýahatçylyk maglumaty

plage

kenarýaka

carte de crédit

karz karty

petit-déjeuner

ertirlik

déjeuner

günortanlyk

dîner

agşamlyk

billet

petek

ascenseur

lift

timbre

poçta markasy

frontière

çäk

douane

gümrük

ambassade

ilçihana

visa

wiza

passeport

pasport

transport
ulag

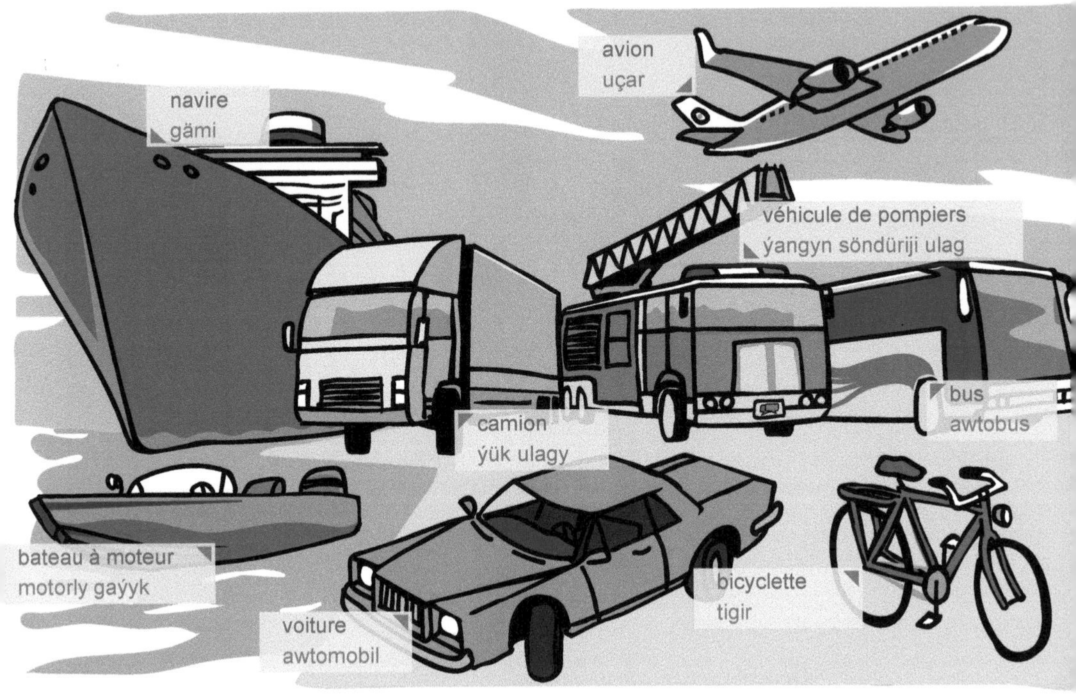
avion
uçar
navire
gämi
véhicule de pompiers
ýangyn söndüriji ulag
bus
awtobus
camion
ýük ulagy
bateau à moteur
motorly gaýyk
bicyclette
tigir
voiture
awtomobil

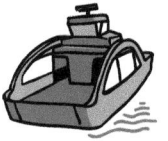

ferry

parom

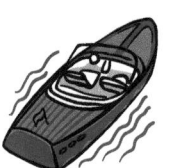

barque

gaýyk

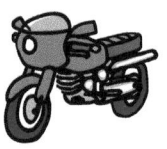

moto

motosikl

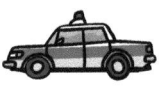

voiture de police

polisiýa ulagy

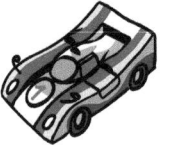

voiture de course

çapyşyk

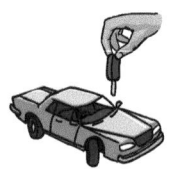

voiture de location

kärendä alnan ulga

auto-partage

ulagy bilelikde ulanmak

voiture de remorquage

tirkeg ulagy

benne à ordures

zir-zibil daşaýan ulag

moteur

hereketlendiriji

essence

ýangyç

station d'essence

guýma

panneau indicateur

ýol belgisi

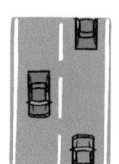

trafic

hereket

embouteillage

dyky

parking

awtoduralga

gare

menzil

rails

seplem

train

otly

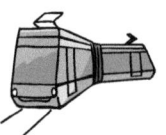

tramway

tramwaý

wagon

wagon

hélicoptère
dik uçar

aéroport
howa menzili

tour
minara

passager
ýolagçy

conteneur
konteýner

carton
guty

chariot
araba

corbeille
sebet

décoller / atterrir
uçmak / gonmak

ville

şäher

village
oba

centre-ville
şäher merkezi

maison
öý

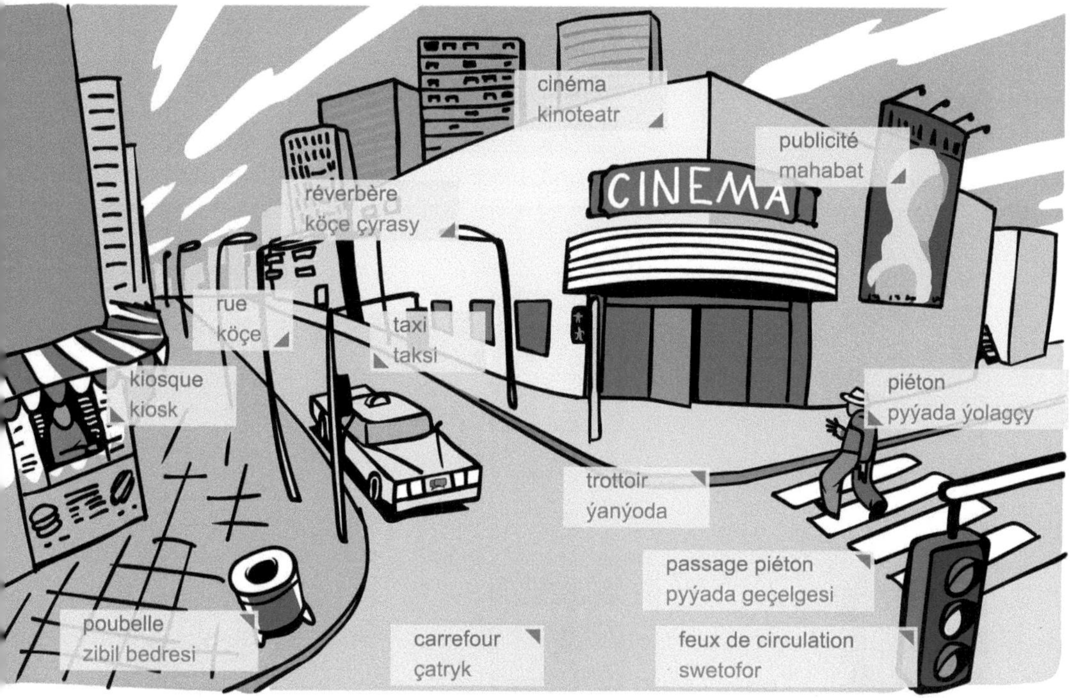

cinéma
kinoteatr

publicité
mahabat

réverbère
köçe çyrasy

CINEMA

rue
köçe

taxi
taksi

kiosque
kiosk

piéton
pyýada ýolagçy

trottoir
ýanýoda

passage piéton
pyýada geçelgesi

poubelle
zibil bedresi

carrefour
çatryk

feux de circulation
swetofor

cabane
....
kepbe

appartement
....
öý

gare
....
menzil

mairie
....
şäher häkimligi

musée
....
muzeý

école
....
mekdep

université

uniwersitet

banque

bank

hôpital

hassahana

hôtel

myhmanhana

pharmacie

dermanhana

bureau

ofis

librairie

kitap dükany

magasin

dükan

fleuriste

gül dükany

supermarché

supermarket

marché

bazar

grand magasin

uniwermag

poissonnerie

balyk söwdagäri

centre commercial

söwda merkezi

port

port

parc
park

banque
oturgyç

pont
köpri

escaliers
merdiwan

métro
metro

tunnel
ötük

arrêt de bus
awtobus

bar
bar

restaurant
restoran

boîte à lettres
poçta gutusy

panneau indicateur
köçäni adyny görkezýän
ýazgy

parcmètre
parkometr

zoo
haýwanat bagy

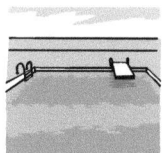

piscine
basseýn

mosquée
metjit

ferme
ferma

pollution
daşky gurşawyň
hapalanmagy

cimetière
gonamçylyk

église
buthana

aire de jeux
çaga meýdançasy

temple
ybadathana

paysage
landşaft

feuille
ýaprak

panneau indicateur
ýol görkeziji

chemin
ýol

pré
ýaýla

pierre
daş

arbre
agaç

randonneur
sýýahatçy

rivière
derýa

herbe
ot

fleur
gül

vallée
dere

montagne
dag

lac
köl

forêt
tokaý

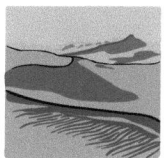

désert
çöl

volcan
wulkan

château
gulp

arc-en-ciel
älemgoşar

champignon
kömelek

palmier
palma agajy

moustique
çybyn

mouche
sinek

fourmis
garynja

abeille
bal arysy

araignée
möý

coléoptère

tomzak

grenouille

gurbaga

écureuil

awusiýdik

hérisson

kirpi

lièvre

towşan

chouette

baýguş

oiseau

guş

cygne

guw

sanglier

ýekegapan

cerf

sugun

élan

los

barrage

bent

éolienne

şemal generatory

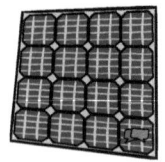

panneau solaire

gün batareýasy

climat

howa

restaurant

restoran

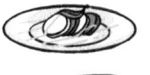

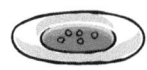

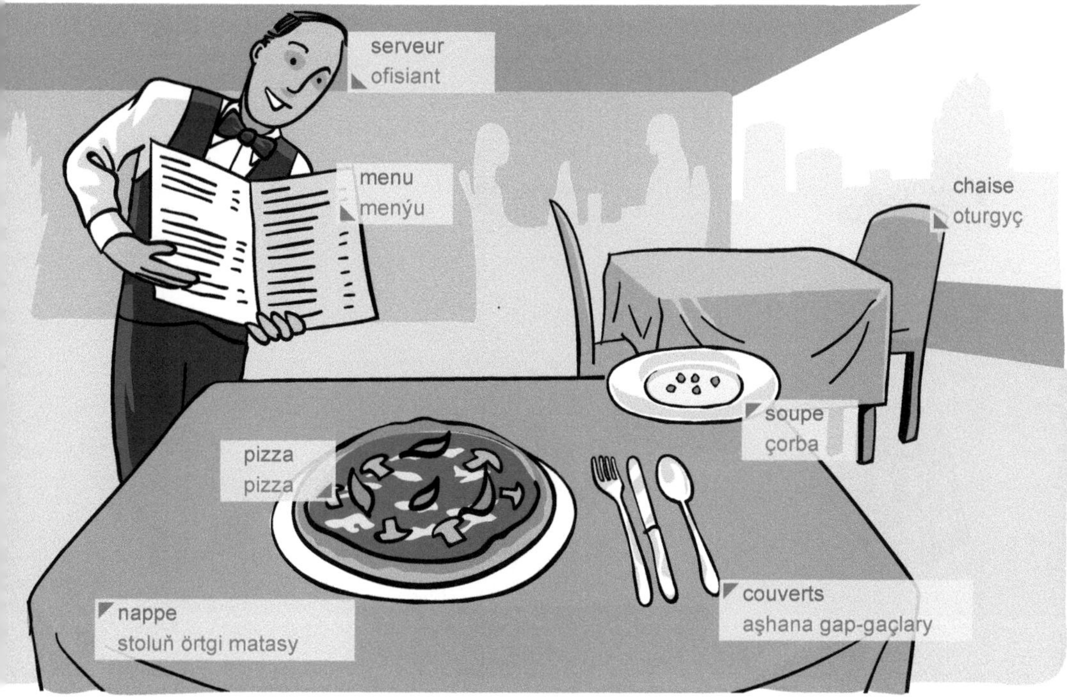
serveur
ofisiant
menu
menýu
chaise
oturgyç
soupe
çorba
pizza
pizza
nappe
stoluň örtgi matasy
couverts
aşhana gap-gaçlary

hors d'œuvre

garbanma

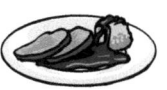

plat principal

esasy tagam

dessert

süýjülik

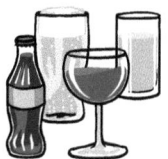

boissons

içgiler

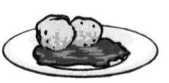

alimentation

nahar

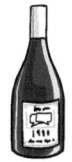

bouteille

süýşe

fast-food

tiz tagam

plats à emporter

köçe iýmiti

théière

çäýnek, kitir

sucrier

şeker gaby

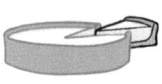

portion

porsiýa

machine à expresso

kofe gaýnadyjy

chaise haute

çaga oturgyjy

facture

hasap

plateau

mejme

couteau

pyçak

fourchette

çarşak

cuillère

çemçe

cuillère à thé

çaý çemçesi

serviette

salfetka

verre

bulgur

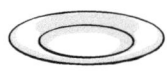

assiette

tarelka

assiette à soupe

çorba tarelkasy

soucoupe

tabajyk

sauce

sous

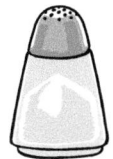

salière

duz gaby

moulin à poivre

burçy üweýji

vinaigre

sirke

huile

ýag

épices

huruş

ketchup

ketçup

moutarde

gorçisa

mayonnaise

maýonez

supermarché
supermarket

offre promotionnelle
ýörite teklip
client
alyjy
produits laitiers
süýt önümleri
fruits
miweler
chariot
satyn alnan zatlar üçin araba
FOR

BUTCHERS

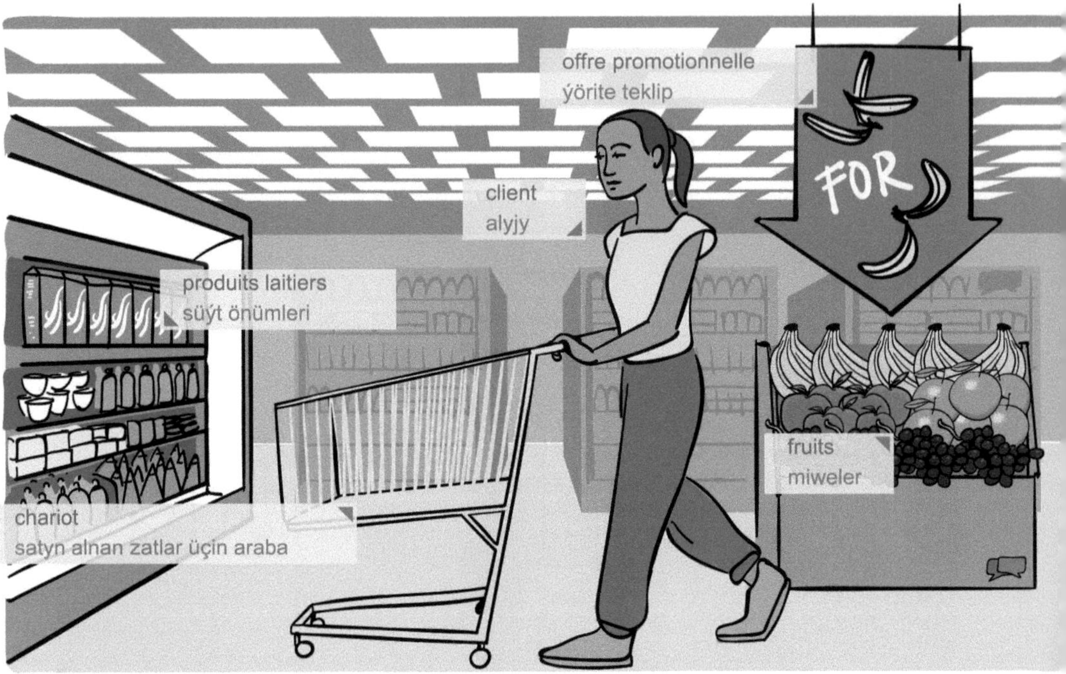

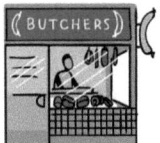

boucherie

et dükany

BAKERY

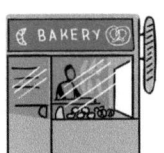

boulangerie

çörek kärhanasy

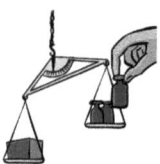

peser

ölçemek

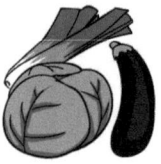

légumes

gök önümler

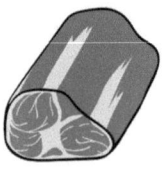

viande

et

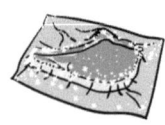

aliments surgelés

tiz doňýan önümler

charcuterie

kesme

conserves

konserwirlenen önümler

poudre à lessive

kir ýuwujy toz

bonbons

süýjülikler

articles ménagers

öýde ulanylýan zat

détergents

ýuwujy serişde

vendeuse

satyjy aýal

caisse

kassa

caissier

pulhanaçy

liste d'achats

satyn alynmaly zatlar

heures d'ouverture

iş wagty

portefeuille

gapjyk

carte de crédit

karz karty

sac

sumka

sac en plastique

polietilen paket

supermarché - supermarket

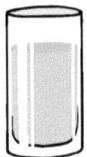

eau

suw

jus de fruit

şire

lait

süýt

coca

koka-kola

vin

wino

bière

piwo

alcool

alkogol

chocolat chaud

kakao

thé

çaý

café

kofe

expresso

espresso

cappuccino

kapuçino

banane

banan

pomme

alma

orange

pyrtykal

melon

garpyz

citron

limon

carotte

käşir

ail

sarymsak

bambou

bambuk

oignon

sogan

champignon

kömelek

noisettes

hoz

pâtes

un aş

spaghetti

spagetti

riz

tüwi

salade

işdäaçar

pommes frites

gowurylan ýer alma

pommes de terre rôties

gowurylan ýer alma

pizza

pizza

hamburger

gamburger

sandwich

sendwiç

escalope

üweme

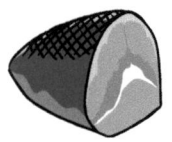

jambon

wetçina

salami

salýami

saucisse

şöhlat

poulet

towuk

rôti

gowrulyp taýýarlanýan
nahar

poisson

balyk

flocons d'avoine

süle patragy

muesli

mýusli

cornflakes

mekgejöwen patragy

farine

un

croissant

kruassan

petits-pains

bulka

pain

çörek

pain grillé

tost

biscuits

köke

beurre

ýag

le fromage blanc

dorog

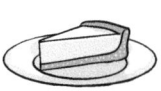

gâteau

pirog

œuf

ýumurtga

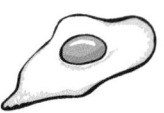

œuf au plat

heýgenek

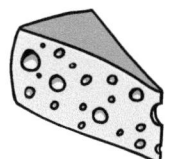

fromage

peýnir

glace

doňdurma

sucre

şeker

miel

bal

confiture

marmelad

crème nougat

nogully krem

curry

karri

ferme
ferma

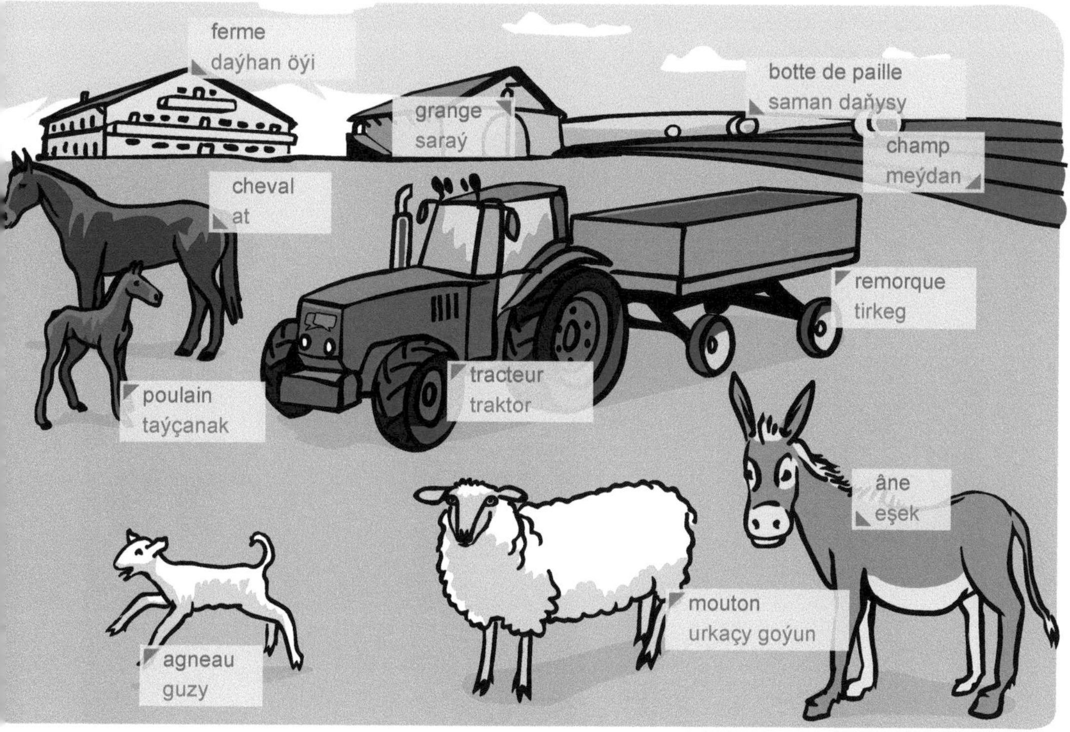
ferme
daýhan öýi
grange
saraý
botte de paille
saman daňysy
champ
meýdan
cheval
at
remorque
tirkeg
tracteur
traktor
poulain
taýçanak
âne
eşek
mouton
urkaçy goýun
agneau
guzy

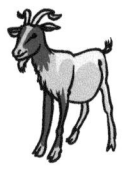

chèvre
geçi

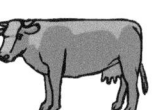

vache
sygyr

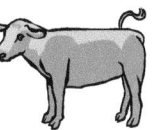

veau
göle

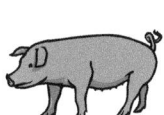

porc
doňuz

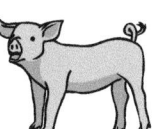

porcelet
jojuk

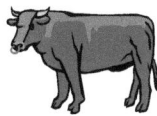

taureau
öküz

oie

gaz

canard

ördek

poussin

jüÿje

poule

towuk

coq

horaz

rat

alaka

chat

pişik

souris

syçan

bœuf

öküz

chien

it

chenil

it ÿatagy

tuyau de jardin

bag şlangy

arrosoir

guýgyç

faucheuse

orak

charrue

azal

faucille

orak

pioche

kätmen

fourche

dökün çarşagy

hache

palta

brouette

galtak

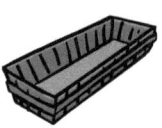

cuve

kersen

pot à lait

süýt üçin tüňňür

sac

halta

clôture

haýat

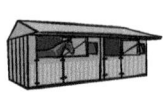

étable

çörek

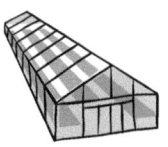

serre

ýyladyşhana

sol

toprak

semences

ekin

engrais

dökün

moissonneuse-batteuse

kombaýn

récolter

hasyl ýygnamak

récolte

galla

igname

ýams

blé

bugdaý

soja

soýa

pomme de terre

ýeralma

maïs

mekgejöwen

colza

raps

arbre fruitier

miwe agajy

manioc

manioka

céréales

däneli ösümlikler

maison
öý

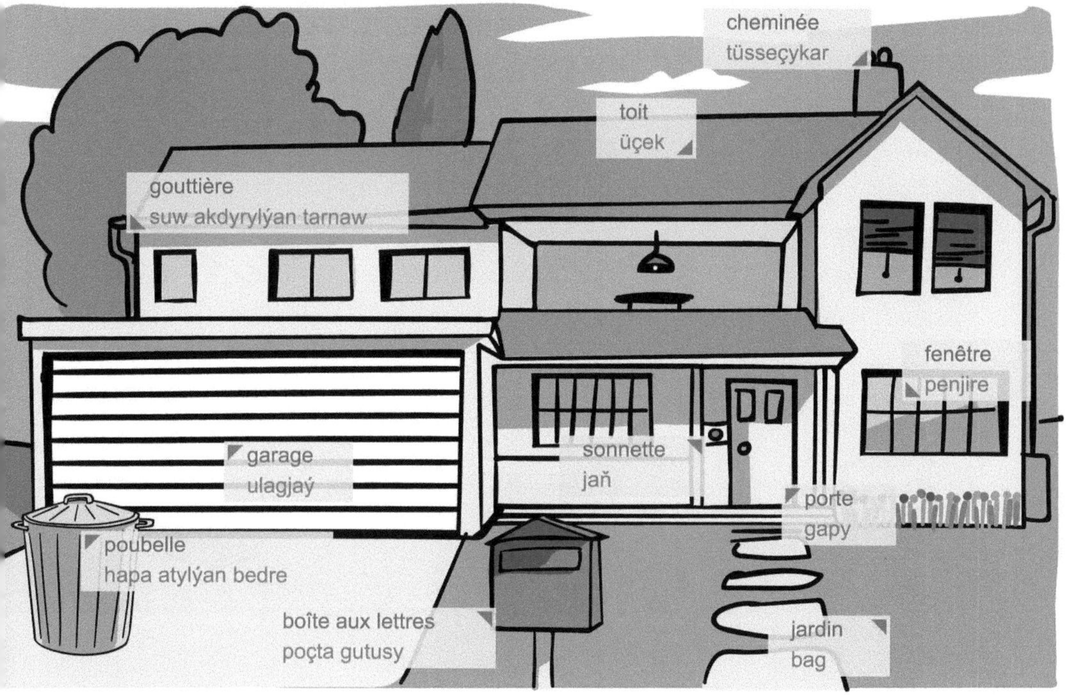
cheminée
tüsseçykar
toit
üçek
gouttière
suw akdyrylýan tarnaw
fenêtre
penjire
garage
ulagjaý
sonnette
jaň
porte
gapy
poubelle
hapa atylýan bedre
boîte aux lettres
poçta gutusy
jardin
bag

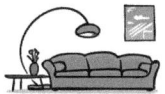

salon
myhman otagy

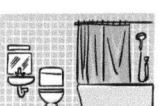

salle de bain
wanna otagy

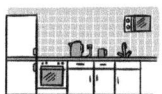

cuisine
aşhana

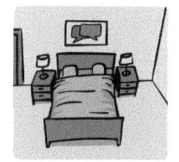

chambre à coucher
ýatalga otagy

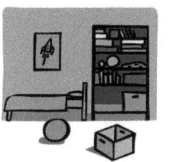

chambre d'enfant
çaga otagy

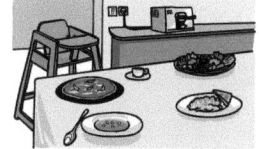

salle à manger
naharhana

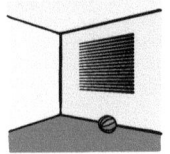

sol
pol

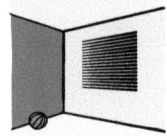

mur
diwar

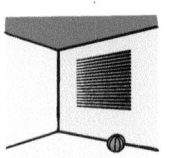

plafond
potolok

cave
ýerzemin

sauna
hamam

balcon
balkon

terrasse
eýwan

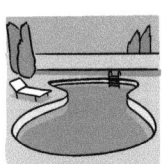

piscine
howdan

tondeuse à gazon
gazon orujy

housse
ýorgan daşlygy

couette
örtgi

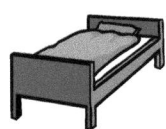

lit
ýatakça

balai
sübse

sceau
bedre

interrupteur
öçüriji

salon

myhman otagy

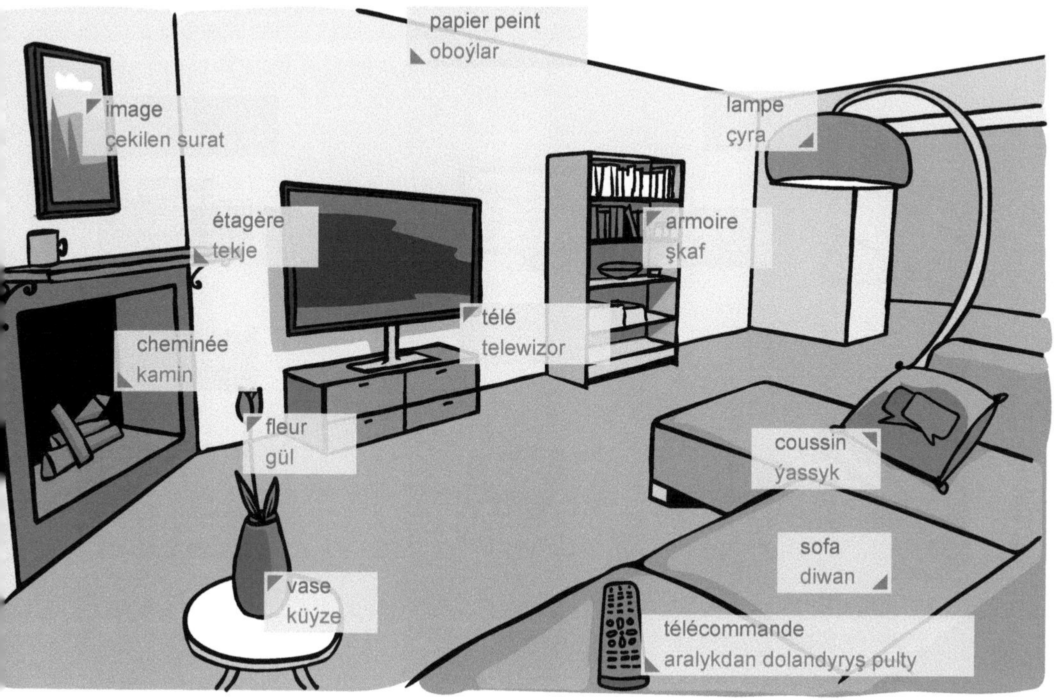
papier peint
oboýlar
image
çekilen surat
lampe
çyra
étagère
tekje
armoire
şkaf
télé
telewizor
cheminée
kamin
fleur
gül
coussin
ýassyk
sofa
diwan
vase
küýze
télécommande
aralykdan dolandyryş pulty

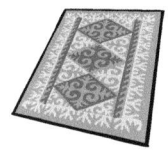

tapis

haly

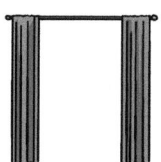

rideau

tuty

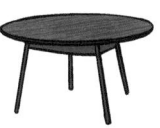

table

stol

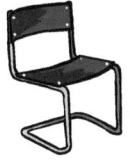

chaise

oturgyç

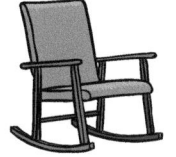

chaise à bascule

öňe-yza gaýdýan kürsi

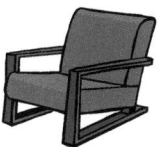

fauteuil

kürsi

livre

kitap

couverture

örtgi

décoration

bezeg

bois de chauffage

odun

film

film

chaîne hi-fi

stereo ulgam

clé

açar

journal

gazet

peinture

surat

poster

ündewsurat

radio

radio

bloc-notes

bloknot

aspirateur

tozan sorujy

cactus

kaktus

bougie

şem

cuisine
aşhana

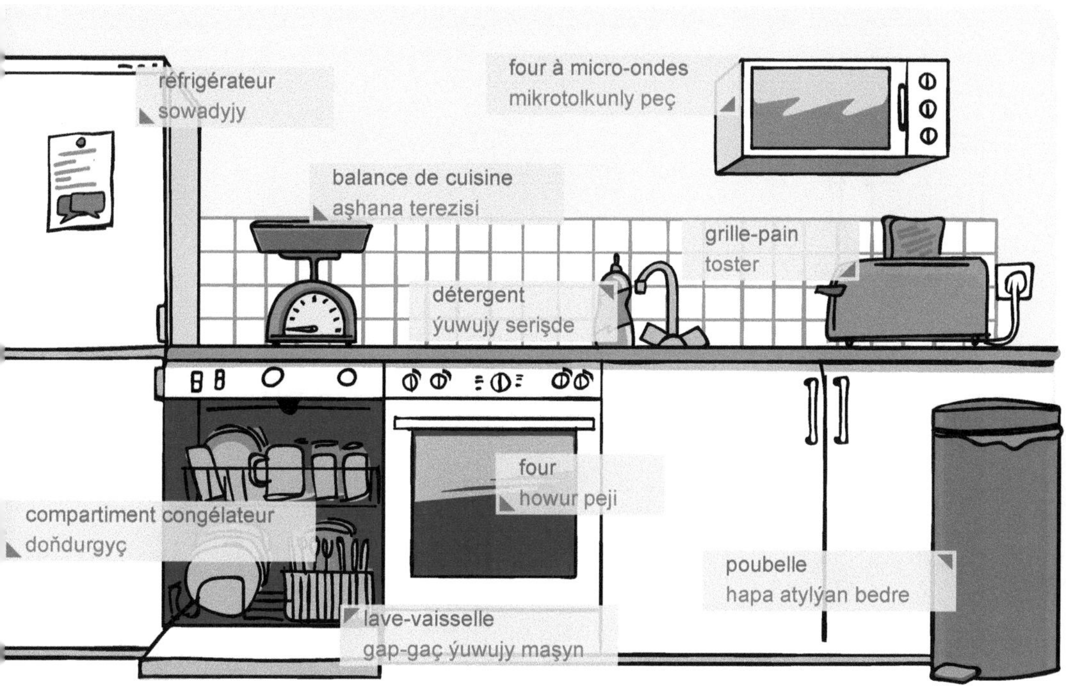
réfrigérateur
sowadyjy
four à micro-ondes
mikrotolkunly peç
balance de cuisine
aşhana terezisi
grille-pain
toster
détergent
ýuwujy serişde
four
howur peji
compartiment congélateur
doňdurgyç
poubelle
hapa atylýan bedre
lave-vaisselle
gap-gaç ýuwujy maşyn

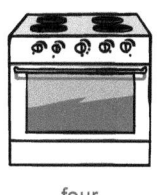

four

plita

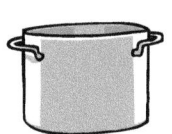

casserole

piti

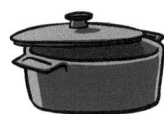

marmite

çoýun gazany

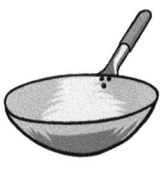

wok / kadai

wok / kadaý

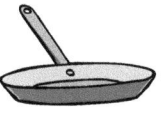

poêle

saç

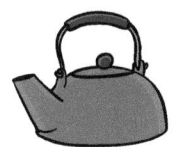

bouilloire electrique

çäýnek, kitir

cuiseur vapeur

bugda bişiriji

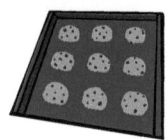

plaque de cuisson

protiwen

vaisselle

gap-gaç

gobelet

kürşge

coupe

jam

baguettes

nahar iýilýän taýajyklar

louche

susak

spatule

piljagaz

fouet

ýaýylýan maşyn

passoire

elek

tamis

elek

râpe

gyrgyç

mortier

soky

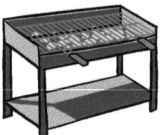

barbecue

gril

cheminée

ot

planche à découper

tagta

rouleau à pâtisserie

oklaw

tire-bouchon

ştopor

boîte

tüneke banka

ouvre-boîte

konserwa pyçagy

maniques

tutguç

lavabo

rakowina

brosse

çotga

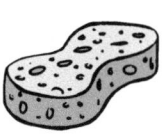

éponge

gubka

mixeur

mikser

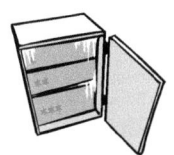

congélateur

doňdurma kamerasy

biberon

çagany iýmitlendirmek üçin çüýşejik

robinet

kran

salle de bain
wanna otagy

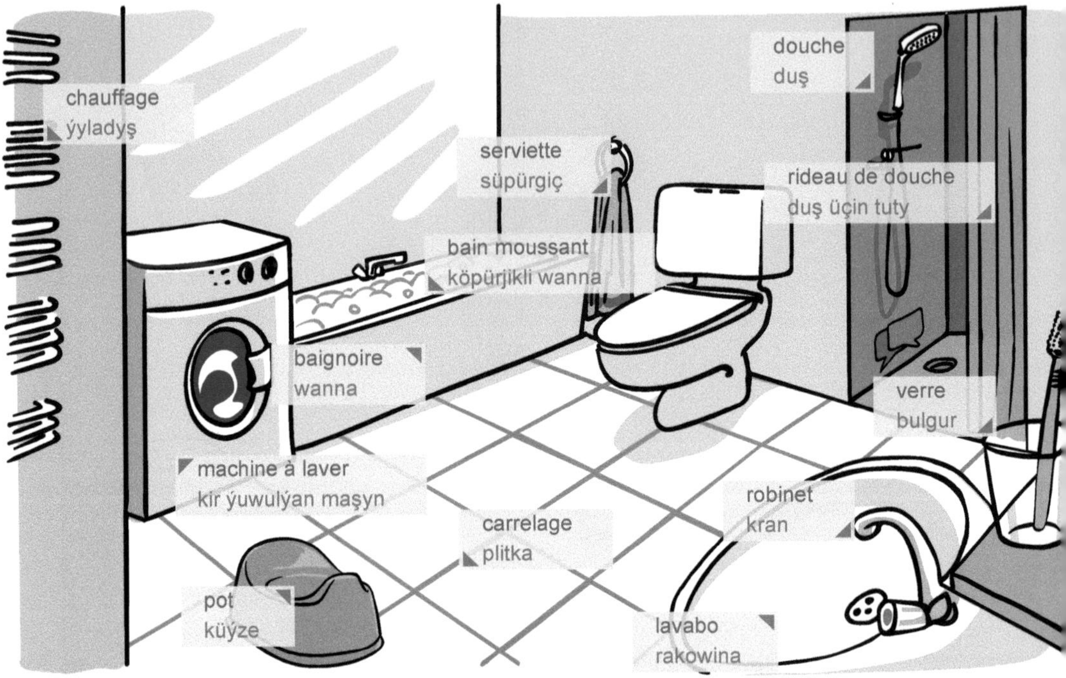

chauffage
ýyladyş
serviette
süpürgiç
douche
duş
rideau de douche
duş üçin tuty
bain moussant
köpürjikli wanna
baignoire
wanna
verre
bulgur
machine à laver
kir ýuwulýan maşyn
robinet
kran
carrelage
plitka
pot
küýze
lavabo
rakowina

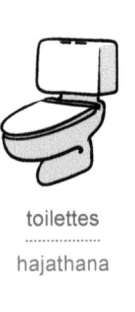

toilettes
hajathana

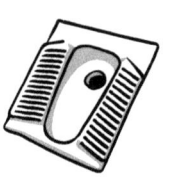

toilette à la turque
polda oturdylýan unitaz

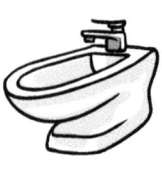

bidet
bide

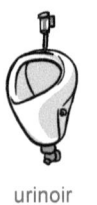

urinoir
pissuar

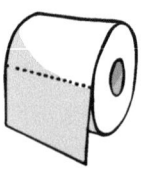

papier toilette
hajathana kagyzy

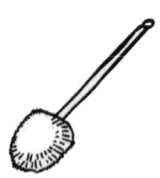

brosse à toilette
hajathana çotgasy

brosse à dents

diş çotgasy

dentifrice

diş pastasy

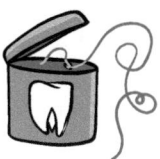

fil dentaire

diş sapagy

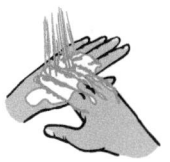

laver

ýuwmak

douche manuelle

el duşy

douche intime

şahsy duş

vasque

legen

brosse dorsale

arka üçin çotga

savon

sabyn

gel douche

duş üçin gel

shampooing

şampun

gant de toilette

moçalka

écoulement

akyş

crème

krem

déodorant

dezodorant

miroir
aýna

miroir cosmétique
el aýnasy

rasoir
päki

mousse à raser
sakgal syrmak üçin köpürjik

après-rasage
sakgal syrylanyndan soňky losýon

peigne
darak

brosse
çotga

sèche-cheveux
fen

laque pour cheveux
saç üçin lak

fond de teint
kosmetika

rouge à lèvres
dodaga çalynýan reňk

vernis à ongles
dyrnaga çalynýan reňk

ouate
pamyk

coupe-ongles
manikýur gaýçysy

parfum
atyr

trousse de toilette

kosmetika üçin gutujyk

tabouret

oturgyç

pèse-personne

terezi

peignoir

halat

gants de nettoyage

rezin ellik

tampon

tampon

serviettes hygiéniques

gigiýena prokladkasy

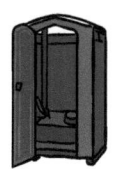

toilette chimique

biohajathana

chambre d'enfant

çaga otagy

réveil
oýaryjy
doudou
ýumşak oýnawaç
voiture jouet
oýnawaç awtoulag
hochet
şakyrdawukly oýnawaç
maison de poupée
gurjak öýi
cadeau
sowgat

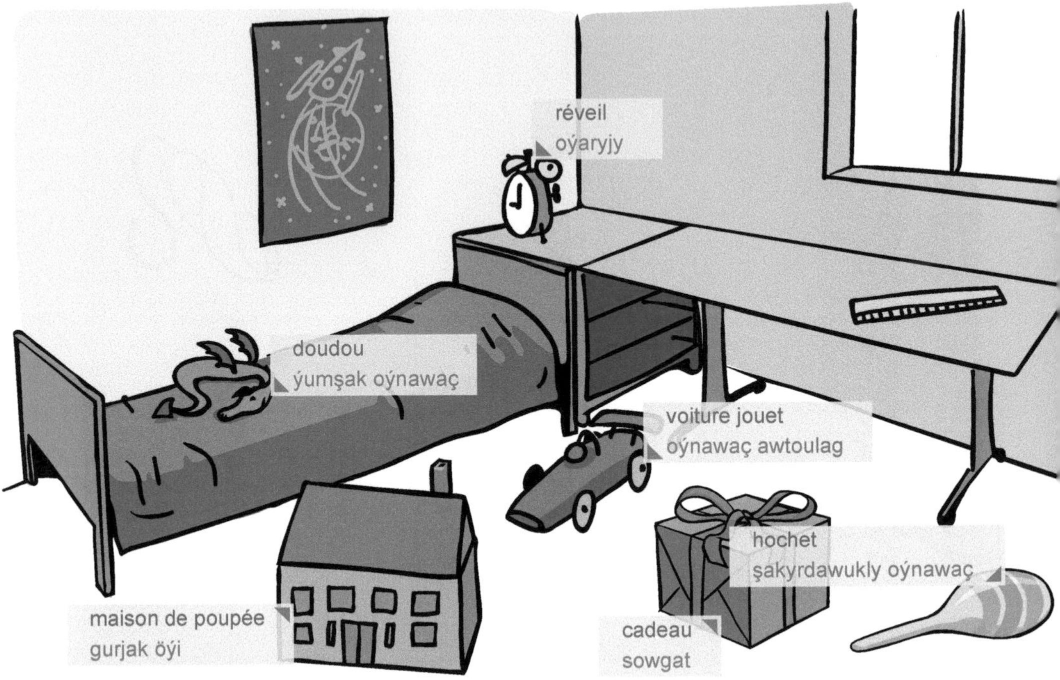

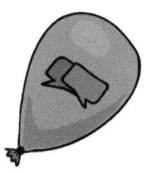

ballon

howaly şar

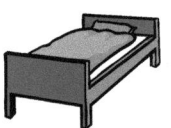

lit

ýatakça

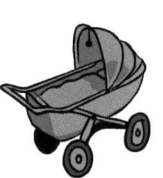

poussette

çaga arabasy

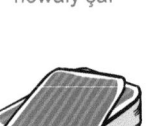

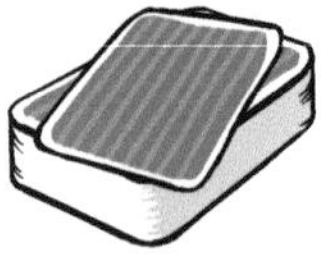

jeu de cartes

kart oýny

puzzle

pazl

SUPER
MEGA

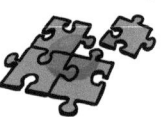

bande dessinée

komiks

pièces lego

Lego kerpiçleri

blocs de construction

kubikler

figurine

oýnawaç şekil

grenouillère

çagalar üçin joraply balak

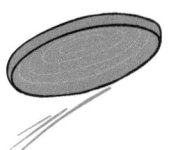

frisbee

frisbi

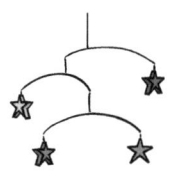

mobile

mobile

jeu de société

stolüsti oýun

dé

kubik

train miniature

demir ýolunyň modeli

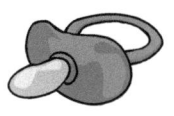

sucette

soska

fête

şagalaň

livre d'images

şekilli kitap

balle

top

poupée

gurjak

jouer

oýnamak

bac à sable
çäge aýmança

balançoire
hiňňildik

jouets
oýnawaç

console de jeu
oýun pristawkasy

tricycle
üç tigirli welosiped

ours en peluche
plýuşadan aýyjyk

armoire
egin-eşik üçin şkaf

vêtements

egin-eşik

chaussettes
jorap

bas
çulki

collant
kolgotka

écharpe
şarf

ceinture
kemer

parapluie
saýawan

t-shirt
futbolka

bottes
ädik

pantoufles
öý şypbygy

baskets
krossowka

sandales
....
sandaliýa

chaussures
....
aýakgap

bottes de caoutchouc
....
rezin ädik

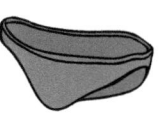

sous-vêtements
....
türsük

soutien-gorge
....
göwüslik

maillot de corps
....
maýka

body
bodi

pantalon
jalbar

jean
jins

jupe
ýubka

chemisier
bluzka

chemise
köýnek

pull
switer

sweat à capuche
switer

veste
sport keltekçesi

veste
žaket

manteau
palto

imperméable
plaş

costume
kostýum

robe
köýnek

robe de mariée
toý köýnegi

costume

erkek üçin kostýum

chemise de nuit

ýatyş köýnegi

pyjama

pižama

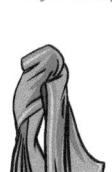

sari

sari

foulard

ýaglyk

turban

selle

burqa

perenji

caftan

kaftan

abaya

abaýa

maillot de bain

suwa düşmek üçin lybas

maillot de bain

plawki

short

şorty

tenue d'entraînement

sport lybasy

tablier

öňlük

gants

ellik

bouton
ilik

lunettes
äýnek

bracelet
bilezik

collier
zynjyr

bague
ýüzük

boucle d'oreille
syrga

bonnet
papak

cintre
geýim asgyç

chapeau
şlýapa

cravate
galstuk

fermeture éclair
syrma

casque
şlem

bretelles
egnaşyr kemer

uniforme scolaire
mekdep lybasy

uniforme
lybas

bavoir
çaga döşlügi

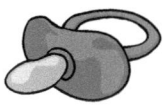

sucette
soska

lange
arlyk

bureau
ofis

serveur
serwer

armoire d'archivage
kanselýariýa şkafy

imprimante
printer

écran
monitor

papier
kagyz

souris
syçanjyk

bureau
ýazuw stoly

classeur
papka

clavier
klawiatura

corbeille à papier
kagyz üçin sebet

ordinateur
kompýuter

chaise
oturgyç

tasse de café
kofe kružkasy

calculatrice
kalkulýator

internet
internet

ordinateur portable

noutbuk

lettre

hat

message

habar

portable

öýjükli telefon

réseau

tor

photocopieuse

kseroks

logiciel

programma

téléphone

telefon

prise

rozetka

fax

faks

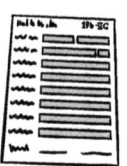

formulaire

formulýar

document

resminama

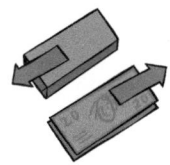

acheter

satyn almak

payer

tölemek

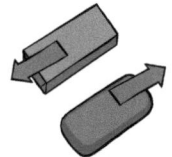

faire du commerce

söwda etmek

monnaie

pul

 **USD**

dollar

dollar

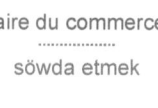 **EUR**

euro

ýewro

 **JPY**

yen

iena

 **RUB**

rouble

rubl

 **CHF**

franc suisse

frank

 **CNY**

renminbi yuan

ženminbi ýuan

 **INR**

roupie

rupiýa

distributeur automatique

bankomat

bureau de change

walýuta çalyşmak üçin bent

or

altyn

argent

kümüş

pétrole

nebit

énergie

energiýa

prix

baha

contrat

şertnama

taxe

salgyt

action

paýnama

travailler

işlemek

employé

gullukçy

employeur

iş beriji

usine

fabrik

magasin

dükan

professions
hünärler

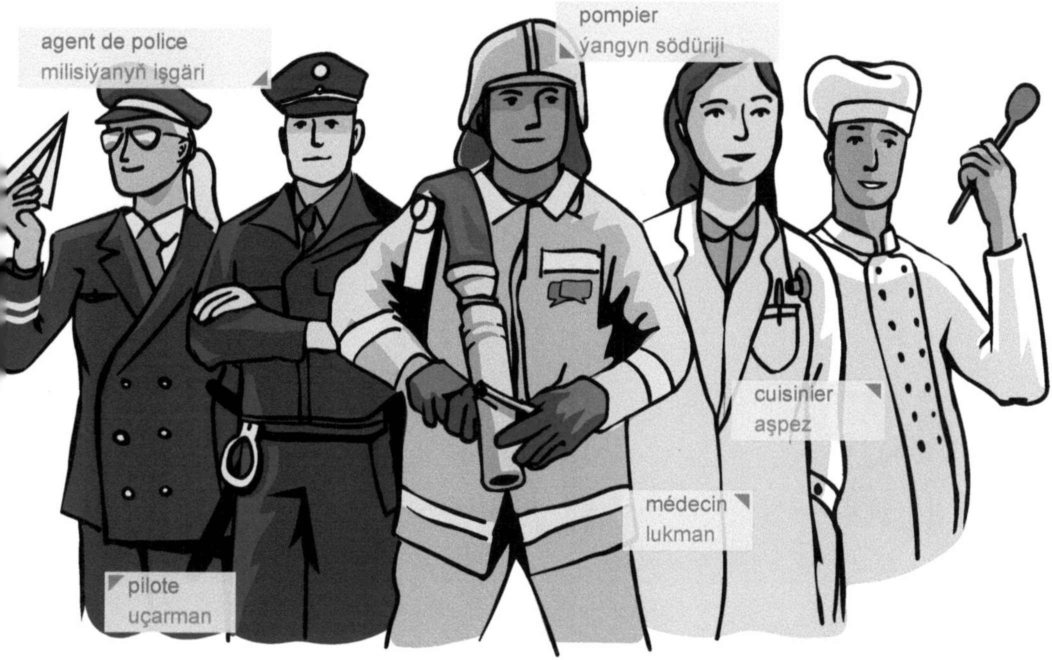
agent de police
milisiýanyň işgäri
pompier
ýangyn söndüriji
cuisinier
aşpez
médecin
lukman
pilote
uçarman

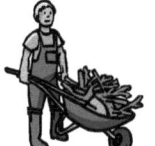

jardinier
bagban

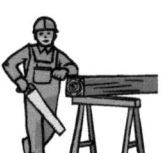

menuisier
agaç ussasy

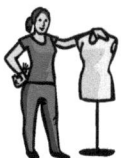

couturière
tikinçi

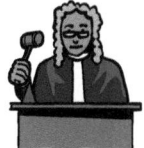

juge
kazy

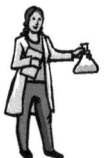

chimiste
himik

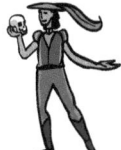

acteur
aktýor

conducteur de bus

awtobus sürüjisi

chauffeur de taxi

taksiçi

pêcheur

balykçy

femme de ménage

tam süpüriji

couvreur

üçek basyrýan ussa

serveur

ofisiant

chasseur

awçy

peintre

suratçy

boulanger

çörekçi

électricien

elektrik

ouvrier

gurluşykçy

ingénieur

inžener

boucher

gassap

plombier

santehnik

facteur

hatçy

soldat

esger

architecte

binagär

caissier

pulhanaçy

fleuriste

floraçy

coiffeur

dellekçi

contrôleur

konduktor

mécanicien

mehanik

capitaine

kapitan

dentiste

diş lukmany

scientifique

alym

rabbin

rawwin

imam

imam

moine

monah

prêtre

ruhany

outils
gurallar

marteau
çekiç
pinces
ýasy agyzly atagzy
tournevis
otwýortka
clé
gaýka açary
torche
jübü çyrasy

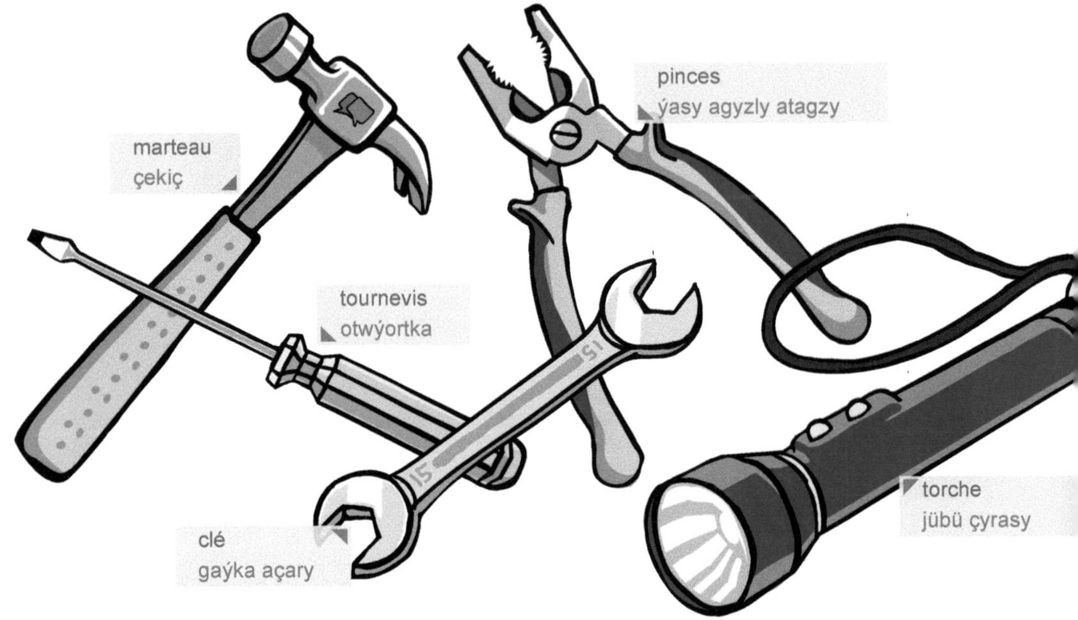

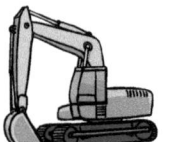

pelleteuse

ekskawator

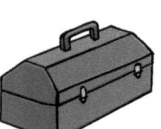

boîte à outils

gurallar üçin gap

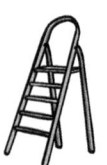

échelle

merdiwan

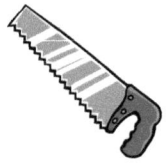

scie

byçgy

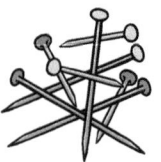

clous

çüýler

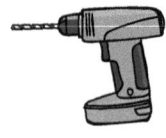

perceuse

drel

réparer
abatlamak

pelle
pil

Mince !
Bolmandyr!

pelle
susguç

pot de peinture
boýagly bedre

vis
nurbatlar

instruments de musique
saz gurallary

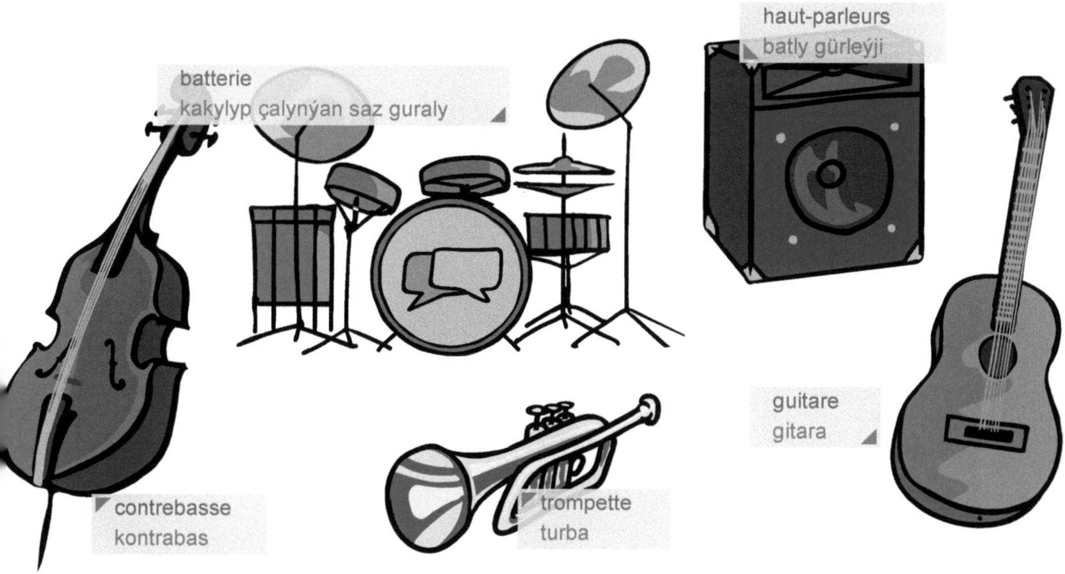

batterie
kakylyp çalynýan saz guraly

haut-parleurs
batly gürleýji

guitare
gitara

contrebasse
kontrabas

trompette
turba

piano

pianino

violon

skripka

basse

bas-gitara

timbales

nagara

tambour

deprek

piano électrique

sintezator

saxophone

saksafon

flûte

fleýta

microphone

mikrofon

zoo

haýwanat bagy

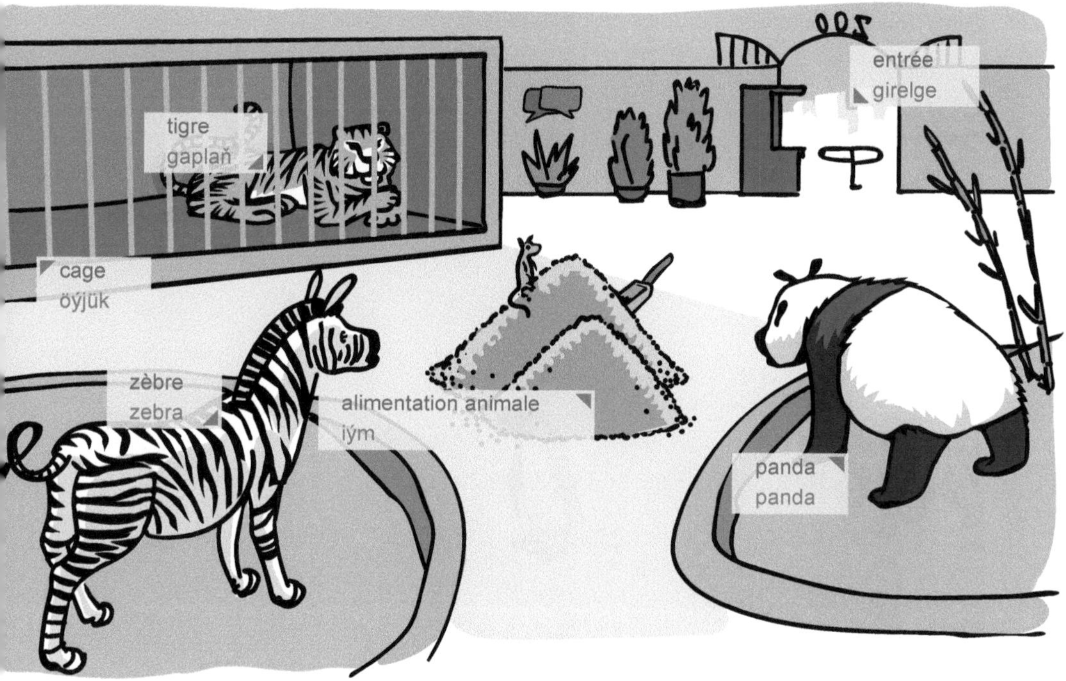
tigre
gaplaň
entrée
girelge
cage
öýjük
zèbre
zebra
alimentation animale
iým
panda
panda

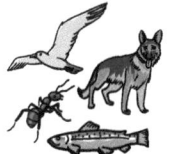

animaux

haýwanlar

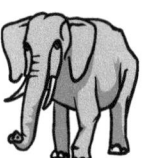

éléphant

pil

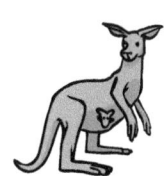

kangourou

kenguru

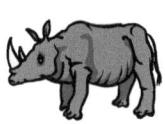

rhinocéros

nosorog

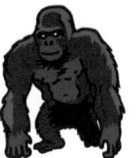

gorille

gorilla

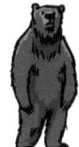

ours

aýy

chameau
düýe

autruche
düýeguş

lion
ýolbars

singe
maýmyn

flamand rose
gyzylinjik

perroquet
hindiguş

ours polaire
ak aýy

pingouin
pingwin

requin
akula

paon
tawus

serpent
ýylan

crocodile
krokodil

gardien de zoo
haýwanat bagynyň
gullukçysy

phoque
düwlen

jaguar
ýaguar

poney
poni

léopard
gaplaň

hippopotame
begemot

girafe
žiraf

aigle
bürgüt

sanglier
ýekegapan

poisson
balyk

tortue
pyşbaga

morse
suwpişik

renard
tilki

gazelle
jeren

american Football
amerikan

cyclisme
tigir sürmek

tennis
tennis

basket-ball
basketbol

natation
ýüzme

boxe
boks

hockey sur glace
hokkeý

football
futbol

badminton
badminton

athlétisme
ýeňil atletika

handball
gandbol

ski
lyža sporty

polo
polo

activités
hereket

rire
gülmek
sauter
bökmek
embrasser
gujaklamak
marcher
gitmek
chanter
aýdym aýtmak
rêver
arzuw etmek
prier
dilemek
faire la bise
öpmek

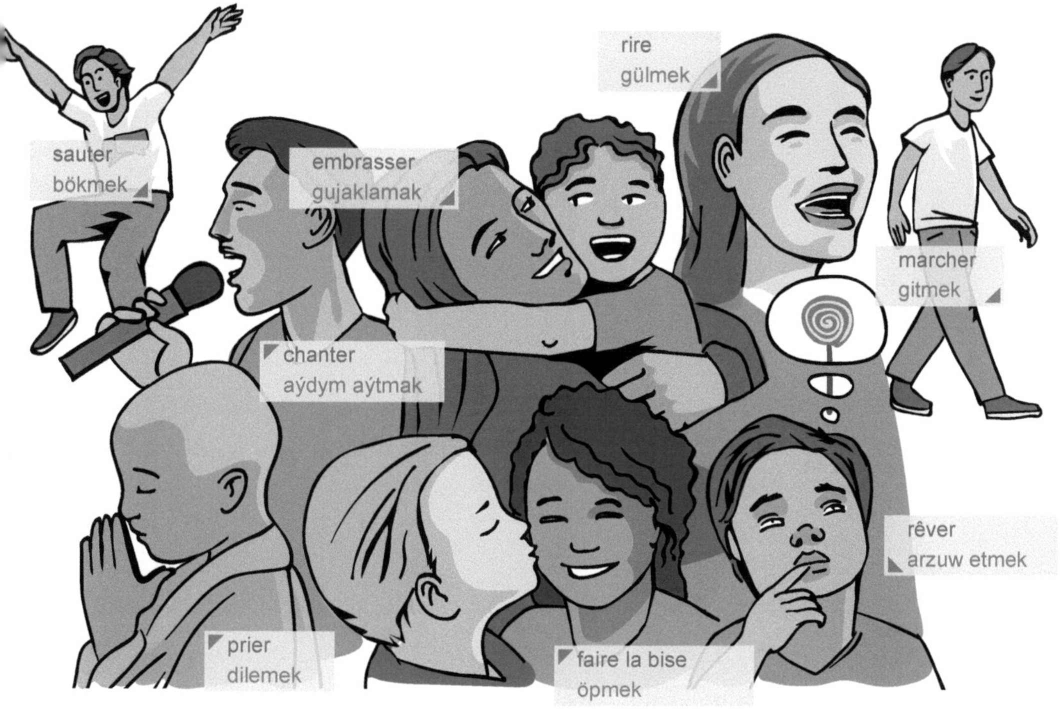

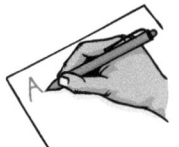

écrire

ýazmak

dessiner

surat çekmek

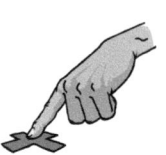

montrer

görkezmek

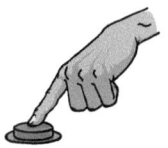

pousser

basmak

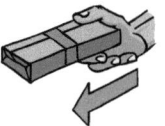

donner

bermek

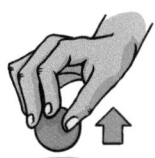

prendre

almak

avoir

eýe bolmak

faire

etmek

être

bolmak

être debout

durmak

courir

ylgamak

trier

çekmek

jeter

taşlamak

tomber

gaçmak

être couché

ýatmak

attendre

garaşmak

porter

götermek

être assis

oturmak

s'habiller

geýmek

dormir

ýatmak

se réveiller

oýanmak

regarder

görmek

pleurer

aglamak

caresser

sypalamak

peigner

daramak

parler

gürlemek

comprendre

düşünmek

demander

soramak

écouter

diňlemek

boire

içmek

manger

iýmek

ranger

tertipleşdirmek

aimer

söýmek

cuire

taýýarlmak

conduire

gitmek

voler

uçmak

faire de la voile

ýelkeni ýaýyp gitmek

calculer

hasaplamak

lire

okamak

apprendre

okamak

travailler

işlemek

se marier

nikalaşmak

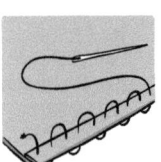

coudre

dikmek

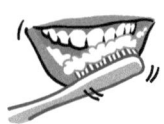

brosser les dents

dişiňi arassalamak

tuer

öldürmek

fumer

çilim çekmek

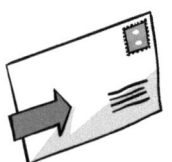

envoyer

ugratmak

grand-mère
ene

grand-père
ata

père
kaka

mère
eje

bébé
bäbek

fille
gyz

fils
ogul

hôte
myhman

tante
daýza

oncle
daýy

frère
aga

sœur
uýa

corps

ten

front
maňlaý
œil
göz
épaule
egin
doigt
barmak
visage
ýüz
menton
äň
main
penje
jambe
aýak
poitrine
döş
bras
el

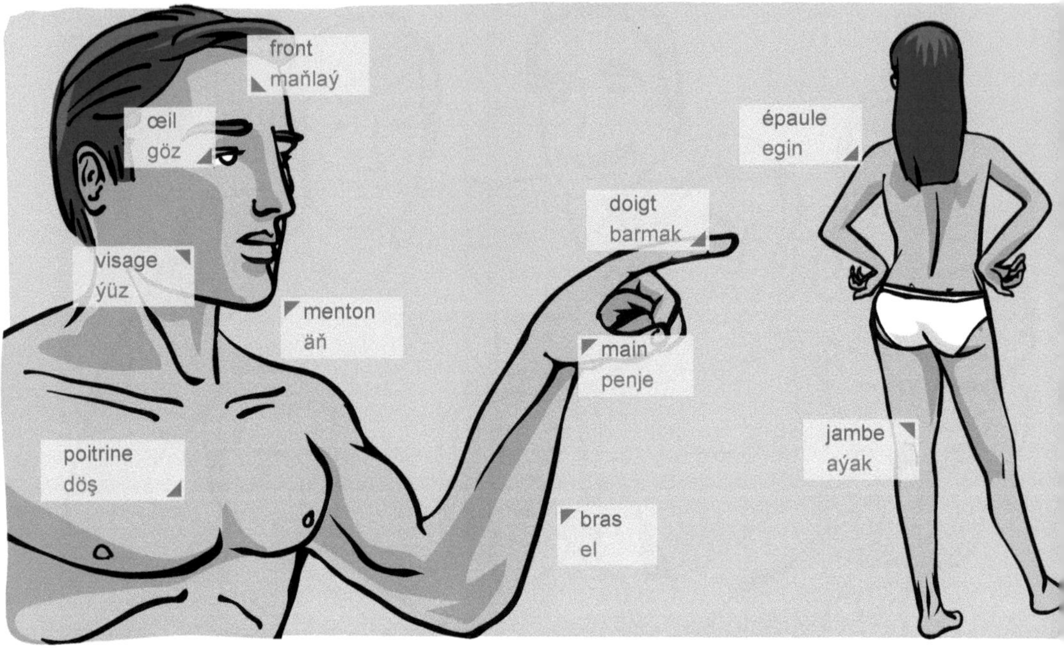

bébé

bäbek

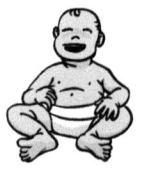

homme

erkek

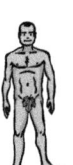

femme

aýal

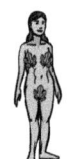

fille

gyz

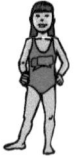

garçon

oglan

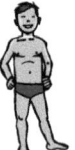

tête

kelle

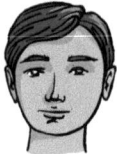

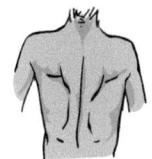

dos
arka

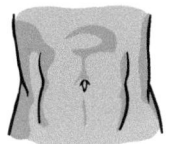

ventre
garyn

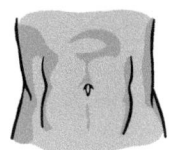

nombril
göbek

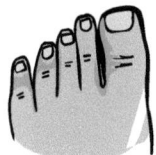

orteil
aýak barmagy

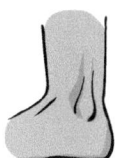

talon
ökje

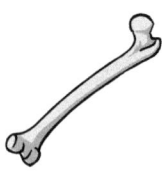

os
süňk

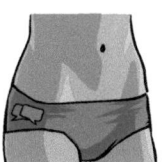

hanche
but

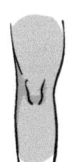

genou
dyz

coude
tirsek

nez
burun

fesses
ýanbaş

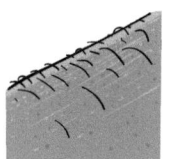

peau
deri

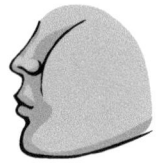

joue
ýaňak

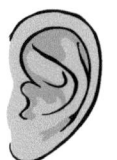

oreille
gulak

lèvre
dodak

bouche

agyz

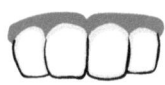

dent

diş

langue

dil

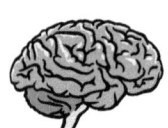

cerveau

beýni

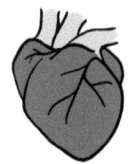

cœur

ýürek

muscle

myşsa

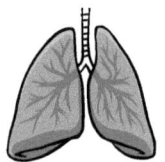

poumons

öýken

foie

bagyr

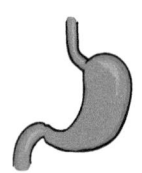

estomac

aşgazan

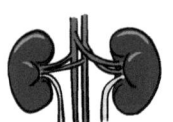

reins

böwrek

rapport sexuel

jyns ýakynlygy

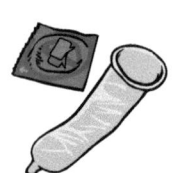

préservatif

prezerwatiw

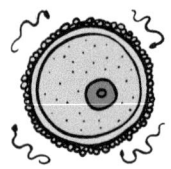

ovule

erkeklik jyns öýjügi

sperme

tohumlyk

grossesse

göwrelilik

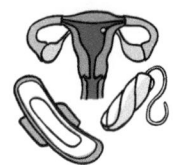

menstruation

bil açylma

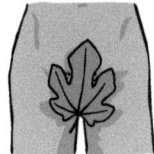

vagin

wagina

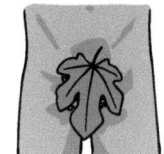

pénis

erkek jyns agzasy

sourcil

gaş

cheveux

saç

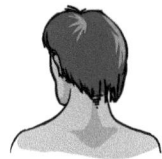

cou

boýun

hôpital
hassahana

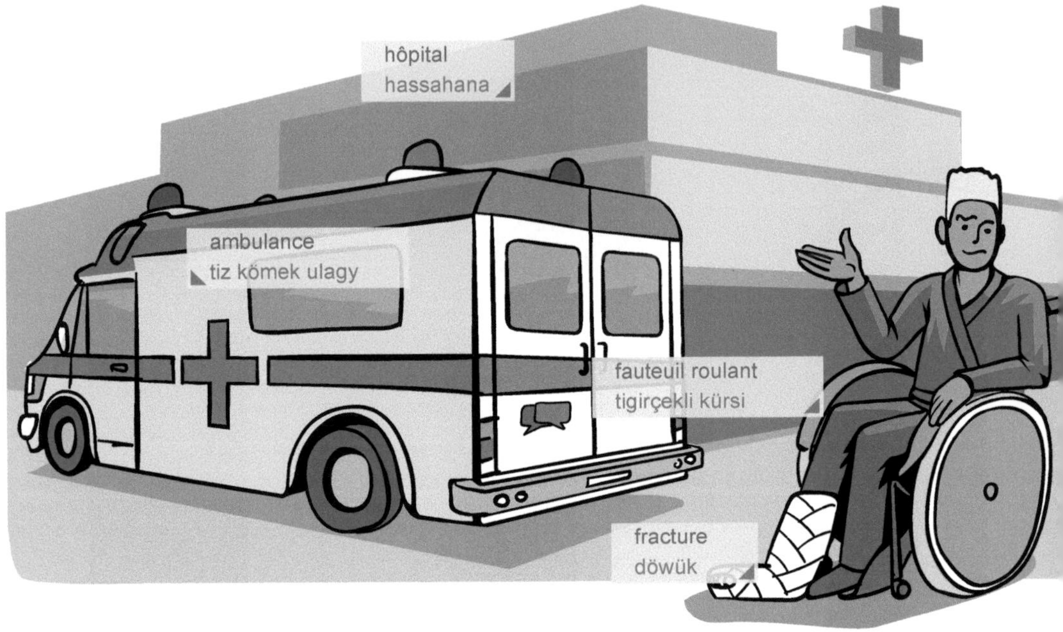

hôpital
hassahana
ambulance
tiz kömek ulagy
fauteuil roulant
tigirçekli kürsi
fracture
döwük

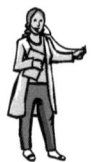

médecin

lukman

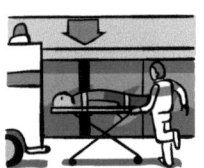

service des urgences

ilkinji kömek nokady

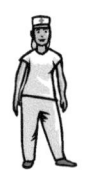

infirmière

şepagat uýasy

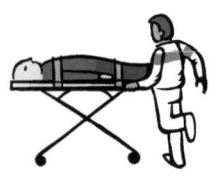

urgence

gaýragoýulmasyz ýagdaý

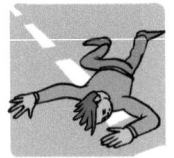

inconscient

özüni bilmän

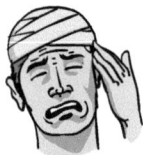

douleur

agyry

blessure

zeper ýetme

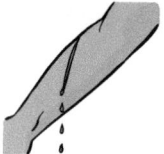

hémorragie

gan akmasy

crise cardiaque

infarkt

attaque cérébrale

insult

allergie

allergiýa

toux

üsgülik

fièvre

ýokarlanan temperatura

grippe

dümew

diarrhée

içgeçme

mal de tête

kelle agyrysy

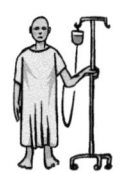

cancer

rak

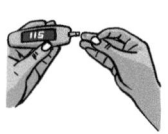

diabète

diabet

chirurgien

hirurg

scalpel

skalpel

opération

operasiýa

CT

iýmit siňdirýän ortlaryň jemi

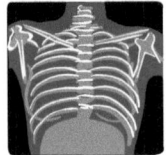

radiographie

rentgen

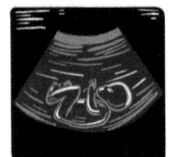

échographie

ultrases

masque

maska

maladie

kesel

salle d'attente

kabulhana

béquille

pişek

pansement

plastyr

pansement

bint

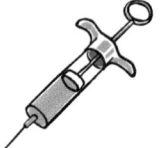

injection

sanjym

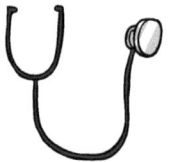

stéthoscope

stetoskop

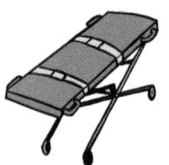

brancard

zemmer

thermomètre

termometr

accouchement

dogluş

surcharge pondérale

artykmaç agram

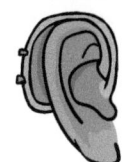

appareil auditif

eşidiş abzaly

désinfectant

zyýansyzlandyryjy serişde

infection

ýokanç

virus

wirus

VIH / sida

WIÇ/ AIDS

médicament

derman

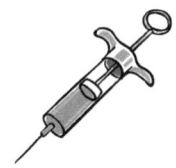

vaccination

öňüni alyş sanjymy

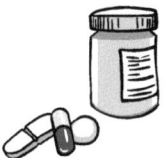

comprimés

gerdejikler

pilule

göwreli bolmakdan goraýan gerdejik

appel d'urgence

gaýragoýulmasyz çagyryş

tensiomètre

gan basyşyny ölçeýji abzal

malade / sain

näsag / sagdyn

Au secours !

Kömek ediň!

alarme

howsala signaly

assaut

çozuş

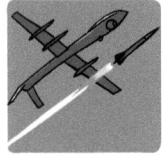

attaque

hüjüm

danger

howp

sortie de secours

ätiýaçlyk çykalgasy

Au feu!

Ýangyn!

extincteur

ot söndürijisi

accident

betbagtçylykly ýagdaý

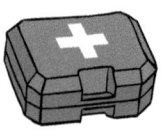

trousse de premier secours

derman gutujygy

SOS

SOS

police

milisiýa

Europe

Ýewropa

Amérique du Nord

Demirgazyk Amerika

Amérique du Sud

Günorta Amerika

Afrique

Afrika

Asie

Aziýa

Australie

Awstraliýa

Océan atlantique

Atlantika ummany

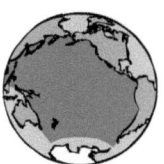

Océan pacifique

Ýuwaş umman

Océan indien

Hindi ummany

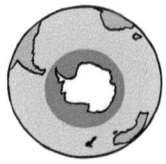

Océan antarctique

Antarktika ummany

Océan arctique

Demirgazyk Buzly umman

pôle nord

Demirgazyk polýusy

pôle sud

Günorta polýusy

Antarctique

Antarktida

terre

zemin

pays

gury ýer

mer

deňiz

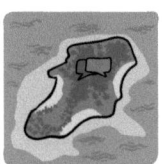

île

ada

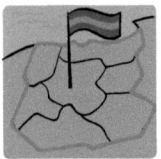

nation

millet

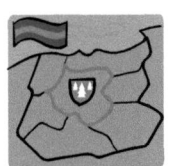

état

döwlet

cadran

siferblat

aiguille des heures

sagadyň dili

aiguille des minutes

minut görkezýän dil

aiguille des secondes

sekundy görkezýän dil

Quelle heure est-il ?

sagat näçe?

jour

gün

temps

wagt

maintenant

häzir

montre digitale

elektron sagady

minute

minut

heure

sagat

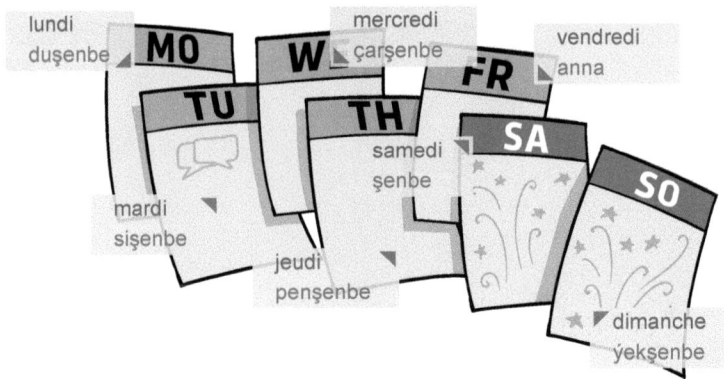

lundi
duşenbe

mercredi
çarşenbe

vendredi
anna

mardi
sişenbe

samedi
şenbe

jeudi
penşenbe

dimanche
ýekşenbe

hier
düýn

aujourd'hui
şu gün

demain
ertir

matin
säher

midi
günortan

soir
agşamlyk

MO	TU	WE	TH	FR	SA	SU
1	2	3	4	5	6	7
8	9	10	11	12	13	14
15	16	17	18	19	20	21
22	23	24	25	26	27	28
29	30	31	1	2	3	4

jours ouvrables
iş günler

MO	TU	WE	TH	FR	SA	SU
1	2	3	4	5	6	7
8	9	10	11	12	13	14
15	16	17	18	19	20	21
22	23	24	25	26	27	28
29	30	31	1	2	3	4

week-end
dynç günler

année
ýyl

pluie
ýagyş
arc-en-ciel
älemgoşar
neige
gar
vent
şemal
printemps
ýaz
automne
güýz
été
tomus
hiver
gyş

4.APRIL 11°
5.APRIL 4°
6.APRIL 13°
7.APRIL 8°
8.APRIL 10°

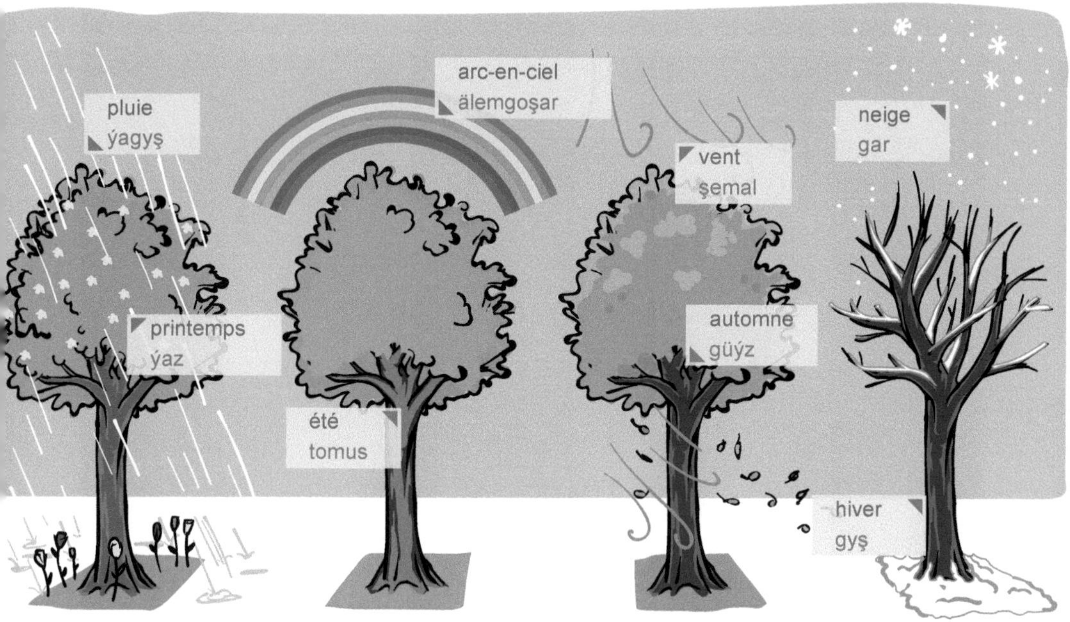

météo

howa maglumaty

F C
120 40
90 30
60 20
30 10
0 0
-30 -10
-20

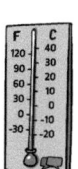

thermomètre

termometr

lumière du soleil

gün ýagtylygy

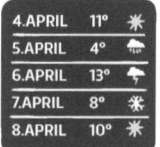

nuage

gara bulut

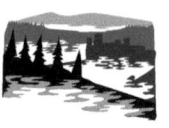

brouillard

ümür

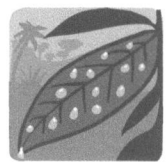

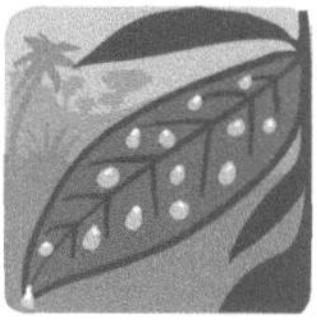

humidité

howanyň çyglylygy

foudre

ýyldyrym

tonnerre

gök gümmürdisi

tempête

tupan

grêle

doly

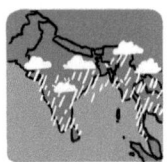

mousson

musson

inondation

suw alma

glace

buz

janvier

ýanwar

février

fewral

mars

mart

avril

aprel

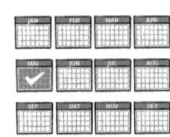

mai

maý

juin

iýun

juillet

iýul

août

awgust

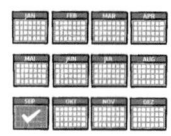

septembre
....
sentýabr

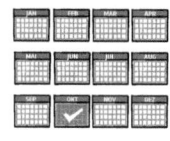

octobre
....
oktýabr

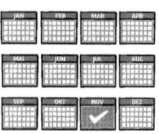

novembre
....
noýabr

décembre
....
dekabr

formes
görnüşler

cercle
....
tegelek

carré
....
kwadrat

rectangle
....
göniburçluk

triangle
....
üçburçluk

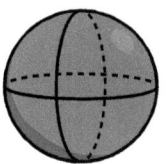

sphère
....
şar

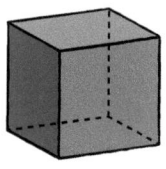

cube
....
kub

blanc

ak

jaune

sary

orange

mämişi

rose

gülgüne

rouge

gyzyl

violet

liliýa reňkli

bleu

gök

vert

ýaşyl

marron

goňur

gris

çal

noir

gara

beaucoup / peu

köp / az

fâché / calme

gazaply / asuda

joli / laid

owadan / betnyşan

début / fin

başy / soňy

grand / petit

uly / kiçi

clair / obscure

açyk / garaňky

frère / soeur

oglan dogan / gyz dogan

propre / sale

arassa / hapa

complet / incomplet

doly / doly däl

jour / nuit

gündiz / gije

mort / vivant

jansyz / diri

large / étroit

giň / dar

comestible / incomestible

iýilýän / iýilmeýän

méchant / gentil

gaharly / dostlukly

excité / ennuyé

tolgunly / tukat

gros / mince

çişik / hor

premier / dernier

başda / soňunda

ami / ennemi

dost / duşman

plein / vide

doly / boş

dur / souple

berk / ýumşak

lourd / léger

agyr / ýeňil

faim / soif

açlyk / teşnelik

malade / sain

näsag / sagdyn

illégal / légal

bikanun / kanuny

intelligent / stupide

akyly / akmak

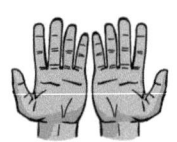

gauche / droite

çepde / sagda

proche / loin

ýakyn / daş

nouveau / usé

täze / ulanylan

rien / quelque chose

hiç zat / bir zat

vieux / jeune

garry / ýaş

marche / arrêt

ýakylan / söndürilen

ouvert / fermé

açyk / ýapyk

faible / fort

ýuwaş / gaty

riche / pauvre

baý / garyp

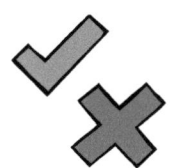

correct / incorrect

dogry / nädogry

rugueux / lisse

büdür-südür / tekiz

triste / heureux

gamgyly / şatlykly

court / long

gysga / uzyn

lent / rapide

haýal / tiz

mouillé / sec

öl / gury

chaud / froid

ýyly / sowuk

guerre / paix

uruş / parahatçylyk

0

zéro

nul

1

un / une

bir

2

deux

iki

3

trois

üç

4

quatre

dört

5

cinq

bäş

6

six

alty

7

sept

ýedi

8

huit

sekiz

9

neuf

dokuz

10

dix

on

11

onze

on bir

12
douze

on iki

13
treize

on üç

14
quatorze

on dört

15
quinze

on bäş

16
seize

on alty

17
dix-sept

on ýedi

18
dix-huit

on sekiz

19
dix-neuf

on dokuz

20
vingt

ýigrimi

100
cent

ýüz

1.000
mille

müň

1.000.000
million

million

langues
diller

anglais

iñlis

anglais américain

amerikan iñlis

chinois mandarin

mandarin hytaý

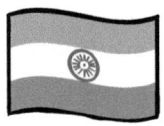

hindi

hindi

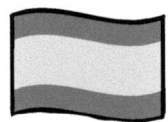

espagnol

ispan

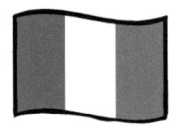

français

fransuz

arabe

arap

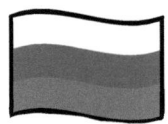

russe

rus

portugais

portugal

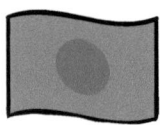

bengali

bengal

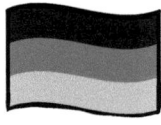

allemand

nemes

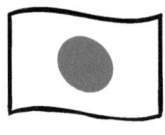

japonais

ýapon

je

men

tu

sen

il / elle / ce, c', cela

ol (oglan) / ol (gyz) / ol (jansyz zat)

nous

biz

vous

siz

ils / elles

olar

Qui ?

kim?

Quoi ?

näme?

Comment ?

nähili?

Où ?

nirede?

Quand ?

haçan?

nom

ady

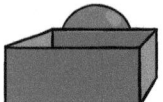

derrière

yzynda

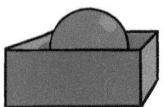

dans

içinde

devant

öňünde

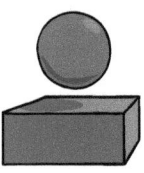

au-dessus

bir zadyň üsti

sur

üstünde

en-dessous

aşagynda

à côté de

ýanynda

entre

arasynda

lieu

ýer